THAT
CAT
CAN
READ

This workbook belongs to an amazing writer!

_____

Write your name here.

Get the
book too!

Read this fun alphabet book
with your friends.

Explore more and check out the swag!

 ThatCatCanRead.com

 @ThatCatCanRead

DAY MOTH COLLECTIVE

Book Cover and Illustrations by Johnna Chism

1st edition 2025

ISBN 978-1-968062-06-4 (paperback)

A

A A A A A A A A

A

a a a a a a

Aa AaAa

NAME

DATE

B

B B B B B

B

b b b b b

b

Bb Bb Bb Bb

C   c   c   c   c   c

C

c   c   c   c   c

c

C c   C c C c c

D

D D D D D D

D

d d d d d d

d

D d D d D d

That Cat Can Read

E

E E E E E E E

E

e e e e e e

Ee e e e

That Cat Can Read

NAME _____   DATE _____

Letter Tracing Practice   That Cat Can Read   © 2025 Johnna Chism

G

G   G   G   G   G   G

G

g   g   g   g   g   g

g

Gg   Gg   Gg   Gg

Letter Tracing Practice   That Cat Can Read   © 2025 Johnna Chism

NAME

DATE

H

H

H

h

h

Hh

NAME

DATE

NAME

DATE

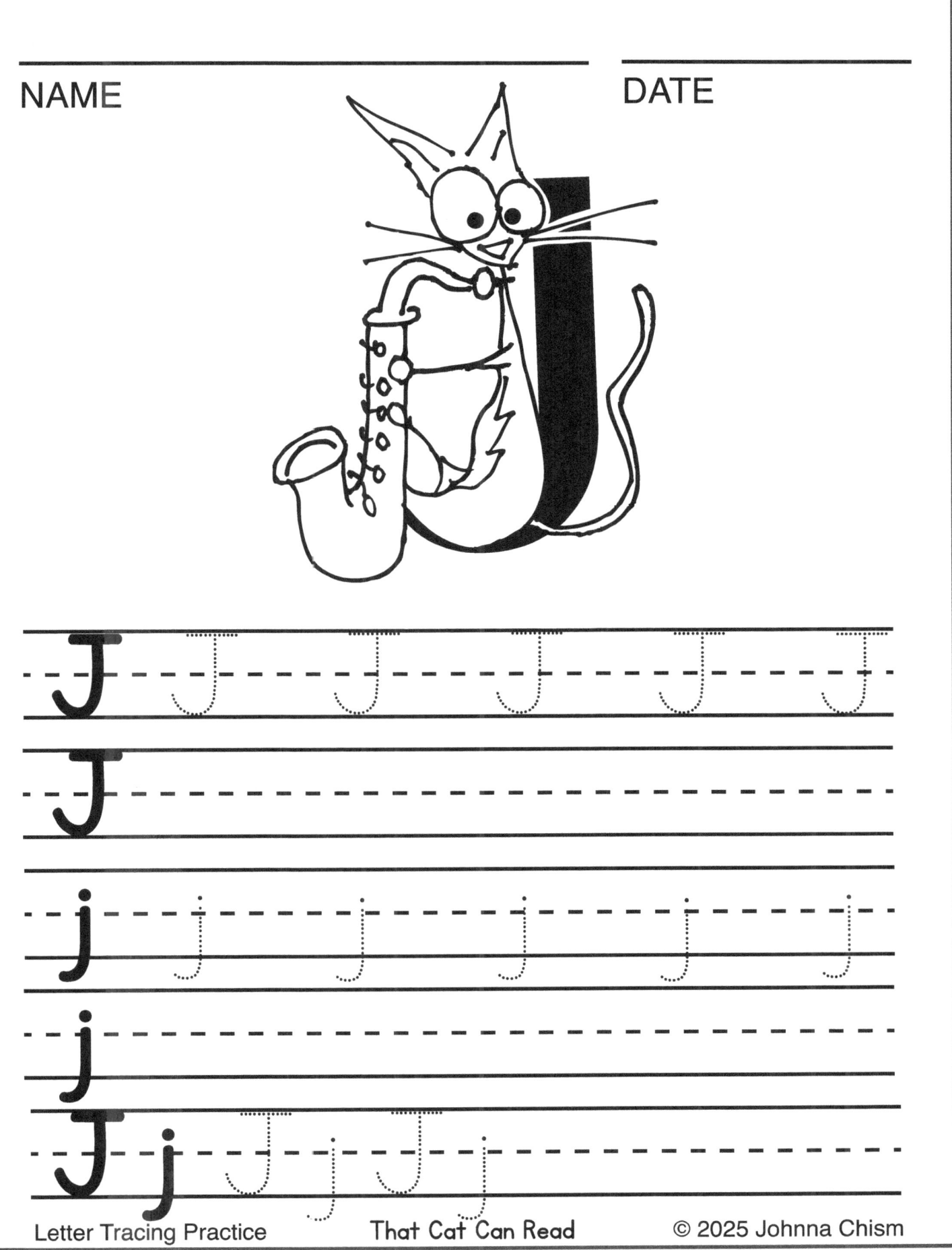

J   J   J   J   J   J

J

j   j   j   j   j   j

j

J j   J   J   J

NAME _____ DATE _____

K - - K - - K - - K - - K - - K - - K

K - - - - - - - - - - - - - - - - - - -

k - - k - - k - - k - - k - - k - - k

k - - - - - - - - - - - - - - - - - - -

K k - - K K K k - - - - - - - - - - - - -

That Cat Can Read

M

M - M - M - M - M - M - M

M

m - m - m - m - m - m - m

m

Mm - Mm - Mm - Mm

Letter Tracing Practice   That Cat Can Read   © 2025 Johnna Chism

NAME _____

DATE _____

That Cat Can Read

P

p P P P P P P P P P P

P

p p p p p p p p p p p

p

P p P p P p P p

Q Q Q Q Q Q

Q

q q q q q q

q

Q q Q q Q q Q q

That Cat Can Read

R

R R R R R R

R

r r r r r r r

r

Rr Rr Rr Rr

NAME

DATE

S S S S S S

S

s s s s s s

s

S s S S S S S

That Cat Can Read © 2025 Johnna Chism

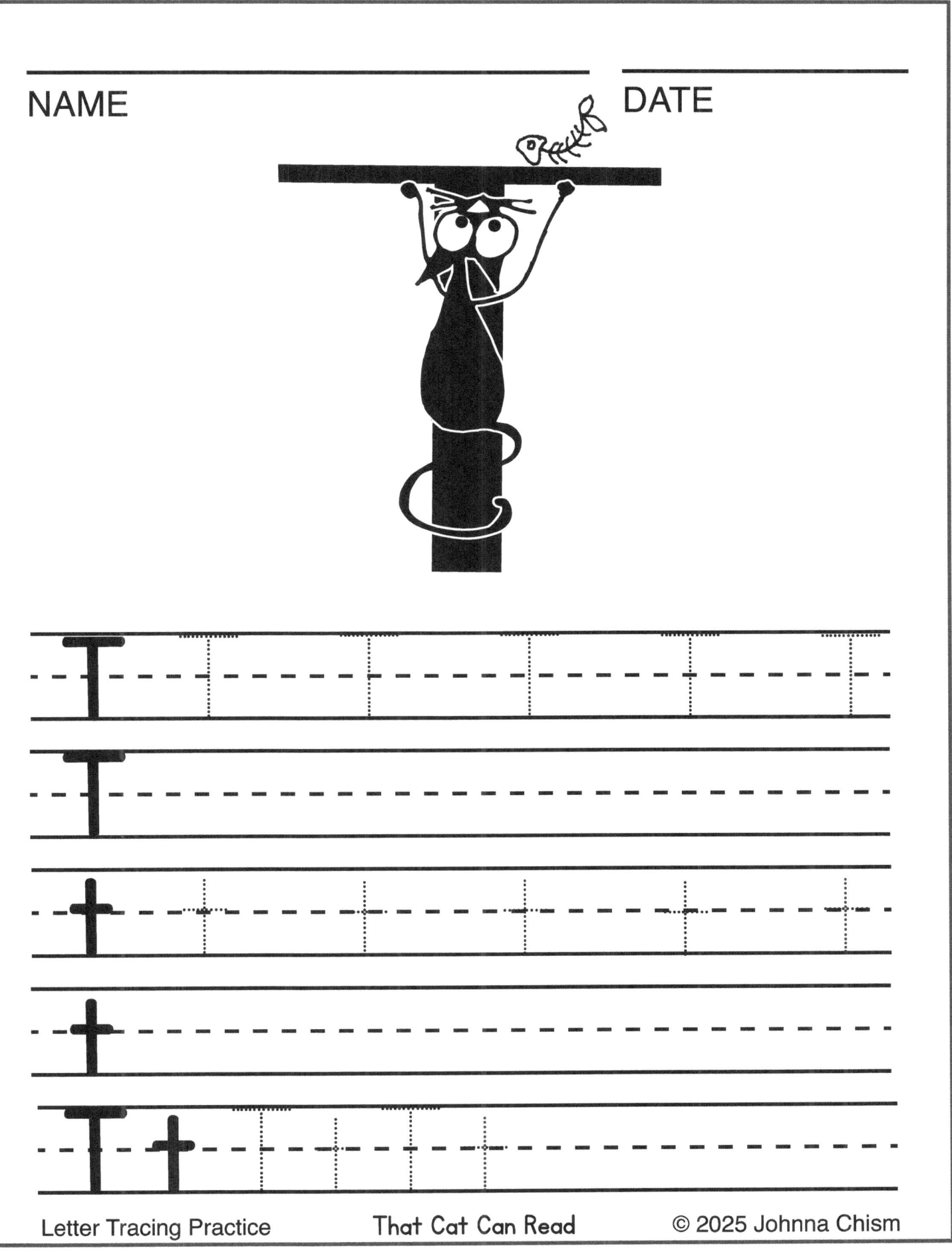

That Cat Can Read

NAME

DATE

U U U U U U U U U U

U U

u u u u u u

u u

Uu UuUuUu

V

V V V V V V

V

V V V V V V

V

V V v

NAME _____ DATE _____

W w W W W W W W

W

w w w w w w w

w

W w W W W W w

That Cat Can Read

NAME _____ DATE _____

Y Y Y Y Y Y

Y

y y y y y y y

y

Yy Y Y Y

Z z

NAME _____ DATE _____

O 〇 - - 〇 - - 〇 - - 〇 - - 〇 -

O 〇 - - - - - - - - - - - -

O 〇 - - 〇 - - 〇 - - 〇 - - 〇 -

O 〇 - - - - - - - - - - - -

O 〇 - - 〇 - - 〇 - - 〇 - - 〇 -

Number Tracing Practice   That Cat Can Read   © 2025 Johnna Chism

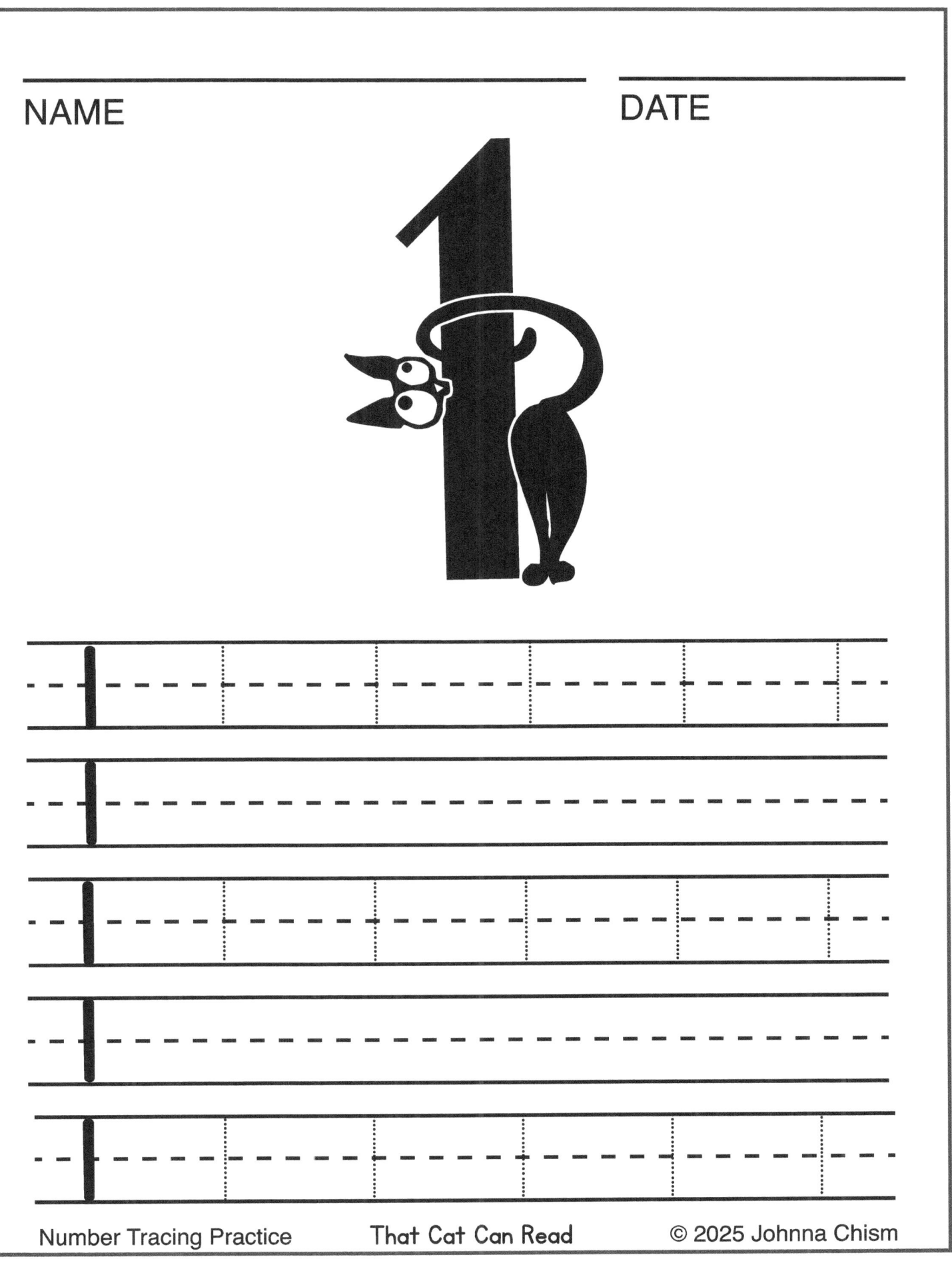

2   2   2   2   2   2

2

2   2   2   2   2

2

2   2   2   2   2

3   3   3   3   3   3

3

3   3   3   3   3

3

3   3   3   3   3

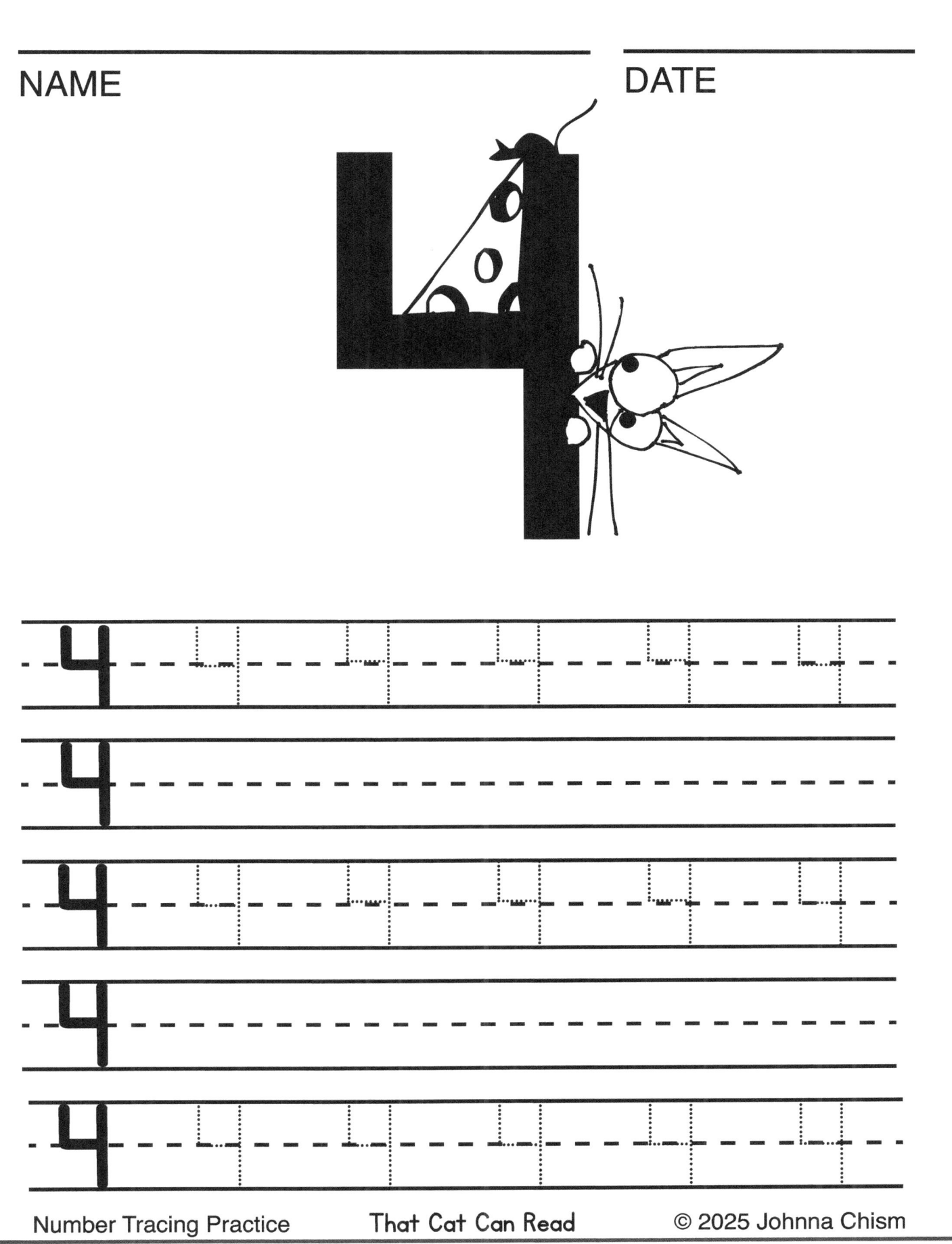

5 5 5 5 5 5

5

5 5 5 5 5 5

5

5 5 5 5 5 5

6   6   6   6   6   6

6

6   6   6   6   6   6

6

6   6   6   6   6   6

Number Tracing Practice   That Cat Can Read   © 2025 Johnna Chism

7

8

8　8　8　8　8　8

8

8　8　8　8　8　8

8

8　8　8　8　8　8

q   q   q   q   q   q

q

q   q   q   q   q   q

q

q   q   q   q   q   q

10 -- O -- O -- O -- O

10 -- -- -- -- --

10 -- O -- O -- O -- O

10 -- -- -- -- --

10 -- O -- O -- O -- O

How To Draw
a Cat Face

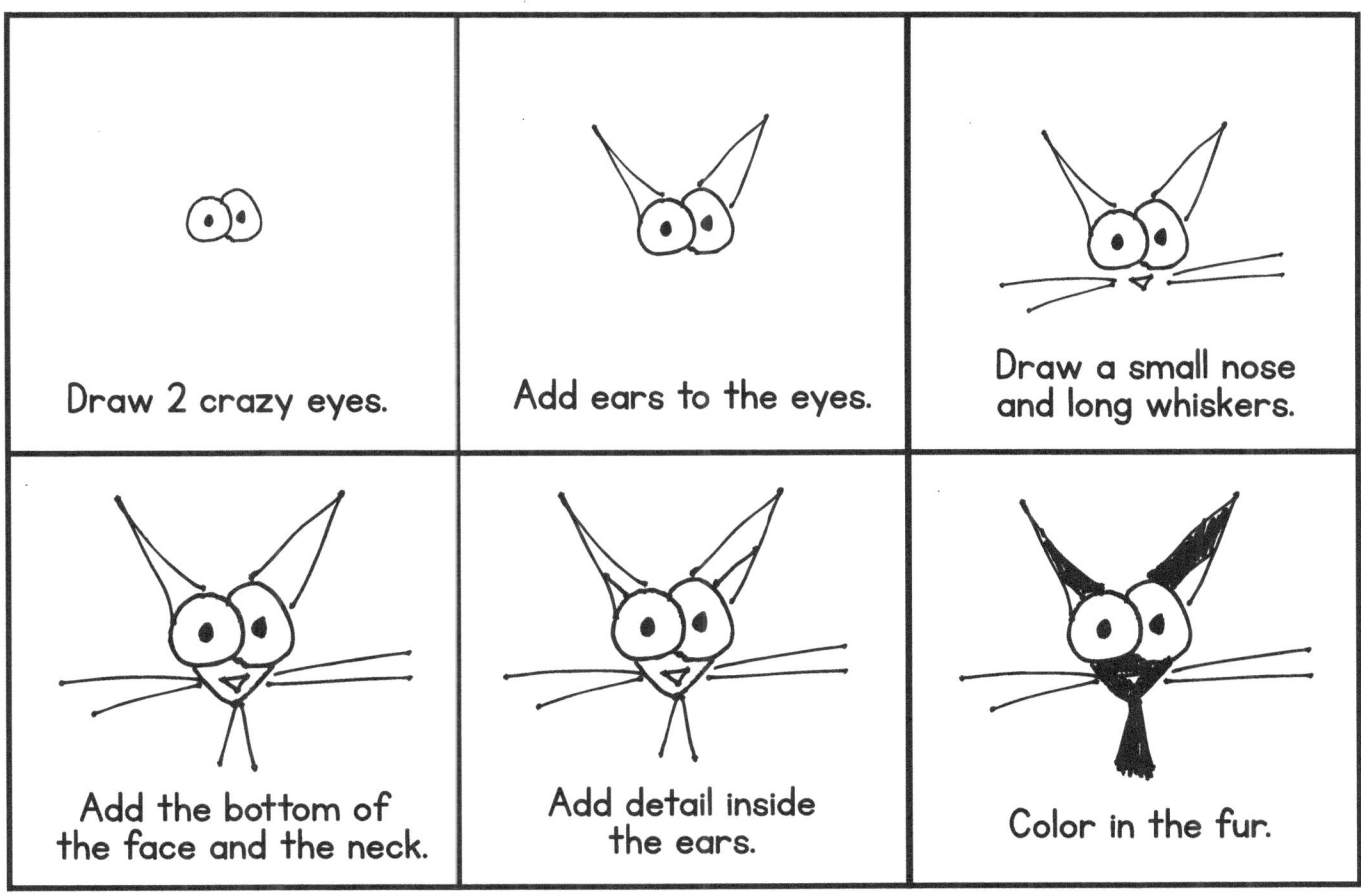

Draw 2 crazy eyes.

Add ears to the eyes.

Draw a small nose and long whiskers.

Add the bottom of the face and the neck.

Add detail inside the ears.

Color in the fur.

Draw down here!

That Cat Can Read

How To Draw a Cat Body

Draw the cat head from the other page.

Draw 2 legs and paws below the head.

Draw a blobby body from the head to the paws.

Add a crazy tail like this.

Or a calm tail like this.

Tell us what that cat is thinking.

I LIKE TO READ

Draw down here!

That Cat Can Read

How To Draw a a Furry Cat

Draw eyes, nose and ears.	Add fur between ears.	Add fur to the side of the face .
Add whiskers and fur inside the ears.	Add the furry body and stick legs with paws.	Add a furry tail.

Draw down here!

How To Draw a a Kitten

Draw a cat head like before.

Add a short blobby body and paws.

Add a cute tail.

Note: Draw kittens just like a regular cats, only make sure to draw the kitten's body a lot shorter, it should be almost the same size as the head.
Pro Tip = Drawing bigger eyes makes it look cuter!

Draw down here!

Extra paper to draw more cats

Extra paper to draw more cats

Extra paper to draw more cats

Extra paper to draw more cats

Draw something fun here

Write something fun down here

NAME

DATE

Draw something fun here ⤵

Write something fun down here ⤵

NAME _____ | DATE _____

Draw something fun here ⤵

Write something fun down here ⤵

NAME   DATE

Draw something fun here ⤷

Write something fun down here ⤷

NAME

DATE

Draw something fun here

Write something fun down here

NAME

DATE

Draw something fun here ↘

Write something fun down here ↘